Hans Leip

Segelanweisung für eine Freundin

Hans Leip

Segelanweisung für eine Freundin

Mit Zeichnungen
aus den Skizzenbüchern des Verfassers

Verlag Die Hanse

Die Deutsche Bibliothek – CIP-Einheitsaufnahme

Ein Titeldatensatz für diese Publikation ist bei
Der Deutschen Bibliothek erhältlich

Umschlaggestaltung: arthos
Herstellung und Layout:
Rüdiger Mohrdieck | Das Herstellungsbüro, Hamburg
Gesetzt aus der Sabon
Druck und Bindung: Clausen & Bosse, Leck
Printed in Germany

ISBN 3-434-52578-5

»Man kann dieses kleine romantische Buch ganz nüchtern als einen handlichen und dabei munteren Lehrgang für das Segeln benutzen. Es enthält eine Menge praktischer Winke. Überdies aber ist es eine Feinschmeckerei. Nicht nur für den Segler. ... Es steckt voll kluger und gütiger Lebensweisheit. Es ist klar, reinlich, durchlüftet wie ein gutes Wetter auf See. Es ist anmutig wie ein weißes Segelspiel. Es hat eine hellsichtige Versponnenheit, wie sie an der Küste zu Hause ist, es tänzelt wie leichter, wehender Schaum über Tiefen und Untiefen. ... Es ist, wohlgemerkt, eine Segelanweisung für eine Freundin.«

So wurde das Buch bei seinem ersten Erscheinen vorgestellt. Wir wissen nicht, ob aus der Freundin damals eine Seglerin geworden ist, vorstellen können wir es uns gut, denn auch heute noch, nach über einem halben Jahrhundert, haben diese Segelanweisungen nichts von ihrer unwiderstehlichen Verführungskraft verloren: Die Windsbraut verwirrt uns wie damals Herz und Haar, wir schmecken das Meer und sehen die Möwen aufsteigen und die Wolken jagen, und fürchten nicht Korsar noch Klabautermann.

Hans Leip ist 1893 in Hamburg geboren, zu einer Zeit, als man die Schulferien noch auf Fischdampfern verbringen konnte, gestorben ist er 1980 fern vom Meer in Fruthwilen in der Schweiz. Daß er auch Zeichner für die satirische Zeitschrift »Simplizissimus« war, daß er später gegen die Nationalsozialisten antrat, eine Parodie auf Hitler plante und 1943, nach den Bombennächten in Hamburg, das »Lied vom Schutt« wagte (das klingt, als sei es für Borcherts Beckmann geschrieben), daß er Journalist, Redakteur und Graphiker war, Oratorien und Passionsspiele schrieb, wissen vielleicht nicht alle, »Lili Marleen« jedoch, die beiden verwehten Jugendlieben, hat er zu unser aller Erinnerung werden lassen. Hans Leips Kunst macht uns fernwehkrank und freiheitsdurstig, aber daß der Wind, »der unregelmäßige Charakter«, kein erzieherisches Vorbild ist, das weiß er auch, und daß die »fremden Gewalten«, die das Meer erbeben lassen, auch in uns selbst Macht haben, verschweigt er nicht. Vielleicht ist es also kein Zufall, daß die »Segelanweisungen« gerade im Jahr 1933 erschienen sind. »Wind und Tide sind uns zugetan. Es ist an der Zeit, Segel zu setzen.«

Sabine Groenewold
Hamburg im Februar 2001

Segelanweisung für eine Freundin

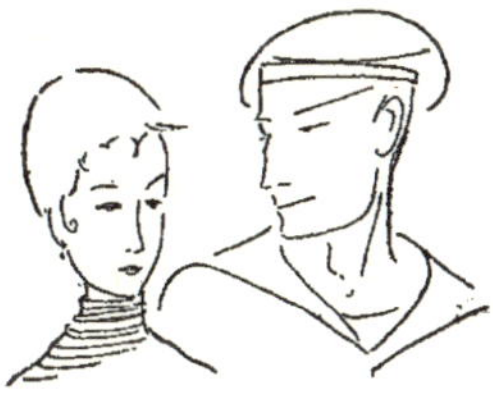

An Bord!

Es ist eng zwischen den Häusern. Die Luft staut sich in grünem Gehügel. Weißt du es noch, daß es den Horizont gibt? Den runden Erdkreis, die schrankenlose Weite, das große Wind- und Wellenspiel, die Himmelsschale, unzerbrochen rings dem Rand des Wassers aufgesetzt? ... An Bord, liebe Freundin!

Fittich der Segel

Das schnurrende Fahrzeug, blitzblank Deck und Kajüte, das stehende und laufende Gut gepflegt und in Trimm, ach, über dir die Fittiche der Segel, das Streicheln der Tiefe unter dir. Schwingendes Boot, beglückend tönender Klöppel in der Glocke des Alls! Schwerkraftgebundener, doch leiser, leiser als jedes Flugboot.

Meeresweite überall

Und sei es die kleinste Jolle in nichts als einer blauen Balje süßen Binnenwassers: Alles Gewässer ist letzten Laufes zugeädert allen Ozeanen der Erde. Wo du auch segelst, Ahnung von Meeresweite liegt vor deinem Bug. Öffne dein Herz diesem Gefühl!

Reine Luft

Staubfrei! Der mathematische Beweis für die Romantik der Gewässer.

Ungestauter Puls

Eroberung der Landschaft ohne Motorgeräusch und -geruch. Nicht Tempo, sondern Behagen, nicht so sehr das Ziel, sondern Augenblick um Augenblick. Puls der eignen Kraft und ungestauter Puls der Natur. Aller Sinne gute Weide. Reiten, Segeln, Wandern. Aber das Segeln ist das Größte unter ihnen.

Segelfliegen

Es gibt Menschen, die erfahren haben, das Segelfliegen sei noch größer. Aber, liebe Freundin, es ist ein männliches Unterfangen. Und bislang zur Erholung nicht ganz das Geeignete. Nichts jedoch wird gegen eine Einladung zu einer Freiballonfahrt zu äußern sein. Das nebenbei.

Gezeiten

An Bord! Die Tide ist günstig. Atem der Gezeiten: Flut und Ebbe, sonderbares Spiel des Meeres, auf- und abschwellend weit die Mündungen der Ströme hinauf. Doppelt in einem Etmal (dem Tag der See von Mittag zu Mittag). Das macht der Mond, der nicht nur anzieht die Seufzer der Liebenden, sondern auch die Wässer der Erde. Bei den großen Mondwechseln nachhallt seine Kraft bis in die Binnenmeere, bis in die verborgensten Gebirgsseen, bis in den Karpfenteich der kleinen Rittergüter, bis in die Forellenbäche wer weiß wo, und hinunter tief in die Grundwässer. Es bebt das Wasser unter fremder Gewalt, und es vibrieren in deinem Unterbewußtsein verwandte Beziehungen.

Mond

Dein abgesalzener Maat und Steuermann wird vielleicht nichts spüren durch seine dicke Haut, allenfalls ein Laken vors Bullauge hängen und seinen Schnarch wie sonst tun. Auf den großen seltenen Segelschiffen und Windjammern aber und manchmal noch auf alten Frachttramps treten die Matrosen bei Vollmond zu ihrer Wache nicht auf Deck, ohne den Mond tief zu grüßen, und sie ziehen die Mütze und auch die Geldkatze, die sie ihm weisen, daß er sie schwellen mache, wie er das Wasser schwellen macht.

Mondsüchte

Bei Vollmond entsenden die Korallen der Südsee, die sich ansonst wie Blumen durch Knospung vermehren, junge, freibewegliche Korallentiere aus ihren Mündern ins Weite, damit sie neue Siedlungsmöglichkeiten suchen. So fuhren die Wikinger bei Vollmond aus und entdeckten Amerika. Es ist mehr als nur schön, unter der vollen Leuchte der Nacht zu segeln. Deine Gedanken und Sehnsüchte, liebes Herz, sind sehr bereit, auf Entdeckungsreisen zu gehen. Halte sie gut in Ruder und Schot, damit sie nicht an den Küsten stranden und verspeist werden wie die Schildkröten auf der Himmelfahrtsinsel oder gar wie die Jungen des Palolowurms auf Tahiti.

Der Wind

Wind, launischer Sohn der anscheinend so altgefestigten, in sich so ungebärdig brodelnden Sonne. Die Wettermacher laufen ihm nach, wie er aus den Öfen oder Eisschränken der Länder bläst, und berechnen seinen Lauf aus der Dichte und Dünne der Luft. Spürst du es nicht feiner als sie mit ihren Isokringeln? Die schwanken Gewichte der wandelbaren Luftsäulen drücken nicht nur auf die Quecksilberschlangen der Barometer, ihr Druck wandelt sich, deiner Stimmung zu Lust oder Last, bald schleierleicht, bald persenningschwer, ist bald dein heiteres Segel, dein tänzelnder Wimpel, bald schließt er sich wie eine Luke über deinem Haupte.

Immer ist der Ausgleich singender, tanzender Wind. Leicht und munter wandelt der Mensch in der leichten Luft der Gebirge. In der schweren Luft auf den Ebenen der Meeresspiegel ist er verschlossener. Das leicht tändelnde Geplauder, das herzbeschwingte Feuerwerk ist unhäufig im großen Horizont. Was gesagt wird, hat den Sinn des Notwendigen. Wie erholsam ist das an Bord!

Die Windsbraut

Der Wind, dieser unregelmäßige Charakter, ist kein erzieherisches Vorbild. Das merkt man an manchem Segler. Wieviel mehr werden die empfindsamen Nerven einer Frau die Schwankungen der Windrose spüren. Es gehört eine lange Schule dazu, um die Launen der Windsbraut in Ruhe ertragen zu können und gelassen alles zum Besten zu wenden, wie ein Mann es auch im Leben können soll. Die Windsbraut, die Brise, die Bö ... man sieht, es gibt weiblichen Wind. Im übrigen ist der Wind in seinen Steigerungsformen männlich.

Beherrschung

Gut Segeln erfordert: Sich zusammennehmen. Verlange von deinem Steuermann, solange es aufs Segeln ankommt, weder Geplausche, noch Koserei, noch Geistesblitze! Eine junge Dame zur Zeit, da unsere jugendlichen Großmütter jung waren, lernte an Land den Kapitän eines großen Segelschiffes kennen und schätzen. Er war ein ansehnlicher, dabei weichherziger, liebenswürdiger Mann, ein fesselnder Plauderer, ein urteilsfähiger Kopf, zuvorkommend, aufmerksam und belesen. Was Wunder, daß diese junge Dame den Mann heiratete. Sie hatte ihn schon vorher gebeten, ihre Hochzeitsreise bei ihm an Bord machen zu dürfen. Er hatte Bedenken, sie aber bestand darauf, indem sie erstens nicht dulden wollte, daß er allzu lange seinem geliebten Berufe fernbleibe und zweitens sich keine angenehmere Seereise-Begleitung als ihren Kapitän vorstellen konnte. Sobald sie nun aber an Bord waren, mußte sie erleben, ganz allein auf sich selber angewiesen zu sein. Der sonst so Höfliche, stets Besorgte, stets mit einem guten Wort Bereite war alsbald verschlossen und unnahbar. Keine Bemerkung außer den Befehlen kam die langen Wochen der Fahrt über seine Lippen. Er war einer der besten Teeklippersegler seiner Zeit, bei Reederei und Mannschaft in hohem Ansehen, und auch seine junge Frau hatte nach den ersten Tränen der Enttäuschung Verstand und Liebe genug, ihn nicht in seiner Pflichthärte zu stören, sondern ihn zu bewundern, was er ihr, sobald sie wieder festen Boden betraten, mit doppelter Aufmerksamkeit vergalt.

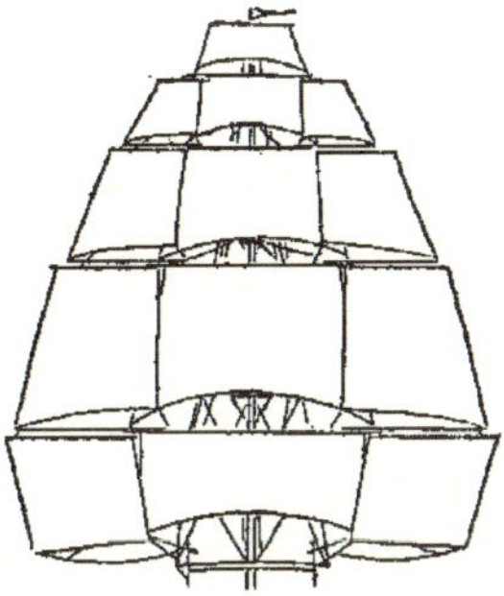

Unterhaltung

Die Teeklipper sind heute ausgestorben. Dennoch wirst du die kleine Geschichte nicht vergessen. Wie leicht zersprüht Getändel in Allzudeutliches und Zwiegespaltenes! Wie leicht knattert das geistreiche Feuerwerk hinab in die Diskussion! Wie genußreich hingegen ist das Unverbindliche, das Verhaltene, das kühlere Spiel, gehalten von Ruder und Schot, der guten Takelung gewiß und des trefflich ausgewogenen Schwerpunktes. Auf dem Wasser, am Wasser wurde das erfunden, was Flirt heißt, und auf einer Insel das geboren, was dort unter »small talk« eine angenehme Unterhaltung am Kamin, im Cockpit oder im Salon des Überseedampfers bedeutet. Das allseitig Gelüftete, das in klarer Weite Gezügelte, das Leise, die Unterhaltung aus der Güte, nicht aus der Meinung, aus dem Horizonte, nicht aus der Ansicht, aus der Achtung, nicht aus der Parteilichkeit.

Haltung

Das Sichgehenlassen kann man weder seinem Boote noch sich selber lange gestatten, ohne anzurennen. Wenigstens deine Begleiter sollten das wissen, und es ist gut, es auch an Land zu können. Was deine eigene Anmut sich an Durchbrüchen gestattet, nur zu! Wir sprachen von der Windsbraut. Man liebt sie trotzdem.

Flirt

Die Flirtmöglichkeiten in einem Cockpit liegen auf der Mitte zwischen Volant und Golfplatz.

Der Bordton

Sollte der Bordton, wie es auf englischen als auch hanseatischen Booten vorkommt, gesellschaftlich noch so streng und zurückhaltend sein, ringsherum ist der Wind, so daß auch hier unter Umständen gilt: Steif, aber veränderlich. Im allgemeinen aber kann man vom Bordton behaupten, daß er zum guten Ton des festen Landes sich etwa verhält wie ein Frack zu einem Takleranzug.

Kein totes Gebild

Ein Boot unter Segel: Kein totes Gebild aus Brettern, Stangen, Strippen und Lappen, sondern ein lebendiges Wesen voll alter Überlieferung; voll Gnade des Schenkens dem, der es meistert, voller Tücken dem, der versagt.

Unumstößliche Regel

Eine Hand, fürs Boot zu walten; eine Hand, sich festzuhalten!

Die Göttin

Ordnung, zu Hause eine milde Fee, an Bord eine strahlende, aber unbarmherzige Göttin.

Takelung

Die beste Takelung? Wenn man nicht einen seetüchtigen Jollenkreuzer mit Hochsegel und Patentreff vorzieht, so ist es die, die man gerade fährt.

Vertrauen

Um das richtige Verhältnis zu seinem Boot zu haben, muß man es erstens kennen, zweitens ihm vertrauen und drittens es gut behandeln. Es ist wie mit der Liebe. Daß es grobe Regattatiger gibt, die ihr Boot hassen und mißhandeln und dennoch gute Plätze damit belegen, soll nicht geleugnet werden. Sie pflegen die Boote zu wechseln wie andere die Schuhe und andere die Frauen. Selten steckt Leidenschaftlichkeit dahinter, meistens ist es keuchender Ehrgeiz, übermäßige Eigenliebe, Unrast, Unfertigkeit.

Güte

Güte des Herzens, Güte des Könnens, Güte des Bootes.

Handarbeit

Segeln ist Handarbeit, liebe Freundin, dasselbe, was echte Spitzen kostbar macht.

Anhandgehen

Anhandgehen beim Segelsetzen und -bergen, Aufbändseln der Zeisinge, Anschlagen des Focksegels, Vorhissen des Pikfalls (das Klaufall überlaß dem kraftvolleren Partner), das mußt du bald können und allenfalls die freien Enden zu belegen wissen, das heißt, sie befestigen, indem du zuerst einen vollen Törn um die zugehörige Klampe oder den Koffeinnagel machst (nicht wie Coffeïn zu sprechen) und dann kreuzweis weiter belegst, damit sich die einzelnen Schläge bekneifen, und laß es ohne durchziehenden Kopfschlag fest genug sein, schieße den freien Tampen in gadlichen Buchten ohne Kinken auf und staue ihn so, daß er jederzeit klar liegt; denn schnell loswerfen können ist das halbe Segeln, wie überhaupt beim Sport, und im Leben auch.

Die Segelsprache

Die seemännische Sprache des Segelns ist dem Alter nach ehrwürdiger als das Hochdeutsche und ist klangvoll, bildhaft, umfassend und unumgänglich. Such dir deinen Steuermann danach aus, Liebe, damit du sie mit der Seele lernst, was auch schneller geht.

Zweierlei

Es ist anzunehmen, daß du bald zu unterscheiden vermagst: Wand und Wanten, Backtag und Backstag, Schäker und Schäkel, Topf und Top, Lenz und Lenzen, Taille und Talje, Kautsch und Kausch, Steak und Steek.

Back- und Steuerbord

Steuerbord ist, nach vorn gesehen, rechts. Dort wird bei Dunkelwerden ein grünes Licht gesetzt. Merk dir das dreigemeinsame e: Steuerbord, rechts, gruen. Backbord ist links und rot, hat aber nichts mit Politik zu tun, von der man im Gegenteil an Bord ausruhen darf.

Luv und Lee

Luv könnte ein Mädchenname sein. Es ist die Seite, daher der Wind weht. Dort sitzt man beim Am Wind Segeln als Ballast. Die andere Seite heißt Lee. Sie dient dazu, den Wassergöttern zu opfern – selbst eisgraue Seeräuber werden manchmal noch seekrank – und entgegenkommend neigt sich das Boot dahin.

Überstag

Wenn beim Kreuzen überstag gegangen wird, dann bläst der Wind von der anderen Seite, die Seiten wechseln die Namen und die Insassen die Plätze, indem sie auf den anderen Bord eilen. Jedermann spürt dabei in sich einen Funken Kindheitgedenkens an das Spiel »Von Baum zu Baum«. Würdest du mit einem Eingeborenenboot um die Bora-Bora-Inseln segeln, so müßtest du allerdings tatsächlich von einem Baum des Auslegers zum anderen huschen. Dort ist es schwerer, Segelfreundin zu sein.

Das Schwert

Wie oft in der Geschichte wurde das Schwert ohne Grund gezogen. Das ist bei einem Segelboot niemals der Fall. Und ergibt es sich, daß du in einfachen Verhältnissen den kleinen Unterschlupfraum zu teilen hast mit deinem Freunde, sei unbesorgt: Wie zur Zeit der hochgemuten Ritter und minniglichen Burgjungfrauen liegt zwischen euch das Schwert.

Kalter Ozon

Man erkältet sich nicht leicht auf dem Wasser. Vorhandener Schnupfen pflegt zu verschwinden. Ohne Gefahr kann man seine morgendliche Abreibung auch bei kühlerem Wetter an Deck vornehmen.

Doch die meisten Segler haben Angst vor Rheuma, vor dem »Reißmichtüchtig« und der Gicht. Nicht immer haben solches die alten Seefahrer von dem Zug der Luft und der äußeren Feuchtigkeit. Der Zug, der durch die Kehle geht und die innere Feuchtigkeit vermittelt, ist manchmal weit beteiligter als Ursache, manchmal auch die ungeeignete Ernährung und manchmal auch der Mangel an – frischer Luft, nämlich während des Schlafens. Besser warmen Mief als kalten Ozon! ist der eherne Wahlspruch in Messe, Logis, Roof und Seglerkajüte. Du wirst vielleicht manchen Hafenabend erleben, wo die kleine Kabuse angefüllt ist mit dem Dunst der Brösel, der Petroleumfunzel, des Spritkochers, des Ölzeugs und der heringstonnendichtgedrängt, gemütlich klönenden Kameraden. Wo denn Bullaugen, Skylight und Niedergang dicht gehalten werden wie ein Unterseeboot. Wo man den »Hecht« glatt mit dem Messer schneiden kann. Und wo möglichst ohne weitere Lüftung dann auch noch gepennt wird. An Land würde jeder Mediziner die Hände überm Kopf zuammenschlagen, aber ich sah Mediziner, die an Bord keine Wimper zuckten und sich sauwohl in solcher »Giftgasbombe«

fühlten. Denn an Land weiß man nicht, wie »aasig schudderig« es auf dem Wasser sein kann.

Schlafen

Sich hinzuhauen, wie man geht und steht, ist bei schwerem Wetter nach der Wache verständlich und oft nicht anders möglich. Unter handigen Umständen aber ist ein Schlafen in der Tagkleidung nicht zu empfehlen. Selbst, wenn keine Kojen vorhanden sind, ja selbst im offenen Boot steige man in den Schlafanzug, wickle eine wollene Decke um die schlanke Schale und ziehe darüber den Segelsack bis an den Hals. Und baut man dann für den Kopf eine kleine Sonderhöhle mit dem Großbaumpersennig, dann liegt man selbst an Deck unbeschadet vom Nachttau. Und entschlüpft am Morgen als ausgeruhter Schmetterling der Verpuppung.
Man sorge, daß die Segelsäcke an Bord nicht zu kurz bemessen seien.

Das beste Schlafmittel

Soldaten und Seeleute können überall und immer schlafen, selbst im Stehen und Gehen. Deine Nerven sind empfindlicher. Wind und Wasser und die Spannung des Segelns machen dich zwar müde, aber es ist möglich, daß du trotzdem nicht schlafen kannst. Nimm dann keine Pulver und Pillen. Atme tief und versuche, hinter deinen geschlossenen Lidern den Tanz der Funken, Wellen und schwebenden Formen eine Weile zu beobachten und dann gnadenlos und mit innerster Willensanstrengung in Schwarz zu ertränken. Es wird nicht das erste Mal gelingen. Aber du wirst sicher darüber einschlafen. Beherrschest du diese für deine Nerven und deine Augen sehr wohltuende »Versenkung«, dann kannst du dich jederzeit damit zum Schlafe zwingen wie ein Japaner.

Von Fall zu Fallen

Das Fall an Bord ist sächlich, jeder andere Fall nebensächlich. Die Mehrzahl heißt: Die Fallen und bedeutet einmal also mehrere »Segelhochziehtaue«, andererseits aber auch die Schlafeinrichtungen, Koje, Hängematte oder Bank. Fallen Anker! ist das vornehme Kommando beim Ankerwerfen. Plattdeutsch sagt man: Smiet weg dat Isen!

Mythisches

Luven und abfallen, fieren und dichtholen sind Begriffe, die der Mensch an Land nicht kennt, uralt und heilig wie dort spornen und zügeln, ja, wie pflügen und mähen, und obwohl das Sportsegeln die harten Notwendigkeiten der Fischer, Seeleute, Entdecker, Freibeuter, Kauffahrer und Eroberer in den Himmel des Genusses verschoben hat, haftet der Handhabung von Ruder und Schot selbst bei dem gestriegeltsten Rennjachtlöwen etwas Mythisches an.

Ruder

Binnenlands Ruder ist an Bord Riemen. Ruder an Bord bedeutet binnenlands Steuer. Das Verb zu Ruder gleich Steuer heißt nicht rudern, sondern steuern, das zu Riemen gleich Ruder heißt rudern aber auch reemen oder pullen oder (mit *einem* Riemen achteraus, wo er also zum Steuerruder in doppeltem Sinne wird) wriggen.

Dämpfung

Jeder Steuerdruck bedarf seiner Dämpfung, auch beim Segeln.

Segelstellung

Hast du einmal das Vergnügen, den Platz des Steuermannes einzunehmen und ist Pinne und Großschot vertrauensvoll in deine zarte Hand gelegt, so richte ein Auge auf den Stander, der an der Spitze des Mastes gaukelt, und eins richte gerade voraus und dann sieh zu, daß der Großbaum, der waagerecht unten das Segel hält, den Winkel zwischen Wind und Kurs in Lee halbiert, dann liegst du richtig. (Wind = Richtung des auswehenden Standers. Kurs = Kielrichtung des Bootes.)

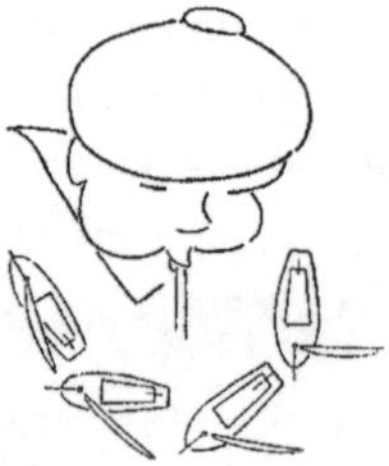

Segelwind

Kein Boot segelt einfach mit dem Wind so, wie er weht. Es erzeugt durch seine Fahrt einen Gegenwind. Der Durchschnitt zwischen diesem und dem wirklichen Wind, das ist der Segelwind. Die symbolische Ausdeutung auf deinen Partner sei dir überlassen. Man spricht von vier Arten zu segeln:
Platt vor dem Wind – der Wind kommt von achtern.

Raumschots oder backstagswinds – er kommt schräg von achtern.
Mit halbem Wind oder dwarswinds – er kommt genau seitlich.
Am Wind – er kommt schräg von vorn.

Fingerspitzengefühl

Trotz deiner gut halbierten Winkel wirst du bald merken, wie sehr das Boot ein eigenwilliges Wesen ist. Es ist luvgierig, versucht plötzlich auszuscheren, zu bocken, es beginnt vorm Winde, wo das Segeln so kinderleicht scheint, die Nase ins Wasser zu stippen, rollt, geigt und gefällt sich, zu planschen wie ein Baby in der Badewanne. Unversehens auch, wo es eben noch so prall voll stand, fängt das Achterliek des Großsegels an zu killen (die Hinterkante zu flattern). Für alles gibt es Abhilfe, teils aus Erfahrung, teils aus Fingerspitzengefühl. Beides gehört zum Segeln, wie etwa beim Reiten, beim Fliegen und in der Liebe. Einige sind berufen, es gleich zu können. Aber das handwerkliche Beiwerk, so man es nicht ewig einem Partner überlassen will, braucht seine Zeit.

Legende

Die Päpstin Johanna, als sie heimkehrte aus dem heiligen Lande, mußte erleben, wie das Schifflein in einen heftigen Sturm geriet. Und da der Schiffer verzagen wollte, übernahm sie mitten in der trostlosen Nacht das Steuer und den Befehl, zeigte sich auch alsbald des Segelns überaus kundig und brachte alle glücklich durch das tosende mediteranische Meer. Stand doch Sankt Peter selber unsichtbar neben ihr, der alte Fahrensmann, und sagte ihr die richtigen Manöver und Kommandos ins Ohr.

Theorie

Jeder Segler von Erfahrung wird nur diese gelten lassen und nur seine allerpersönlichste, und alle anderen und jede Theorie wird er laut oder leise verachten. Das ist menschlich.

Halsen

Das Halsen gilt mit Recht als ein nicht ungefährliches Manöver. Mit dem amerikanischen »necking«, der in U.S.A. den jungen Leuten auf ihren »paddlingparties« gesellschaftlich erlaubten Form des Halsens und Umhalsens, ist es nur an sicherem Ankerplatz zu übersetzen.

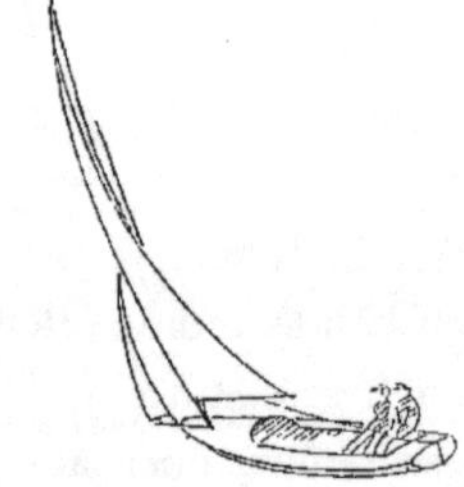

Wenden

Die gebräuchlichere Art des Kurswechsels heißt Wenden. Wenn du, Liebe, dem Kommando: Klar zum Wenden – Ree! nicht nur an der Fockschot, sondern auch in der Kombüse als Smutje beim Pfannkuchenbacken nachkommen kannst, bist du ein trefflicher Segelkamerad.

Schwung

Laß deine Bewegungen alle sanft sein wie die des Bootes. Der Schwung der Wellen wird vom Boote aufgenommen und teilt sich deinem Körper mit. Du hängst in der Schleuder. Es ist zuerst fremd. Dein Inneres will nach außen. Passe dich an! Wehre dich nicht! Gib dich dem Schwunge heiter hin! Bis er eingeht in dein Unterbewußtsein und dich zutiefst beschwingt. Schwinge mit! Du wirst es unbändig genießen. Der Seemann sagt: Man bekommt die richtigen Seebeine.

Inbegriff

Fraulicher Inbegriff des Bootes: Wiege.
Männlicher Inbegriff des Bootes: Waage.

Jachtschulen

Es gibt auch Segelschulen, sogar für Mädchen, die hanseatische Jachtschule zu Neustadt an der Ostsee und ihre Tochterstelle am Chiemsee in Bayern. Und auch in Blankenese an der Elbe sieht man junge Damen klubweise Boote bemannen und, von dem schneidigen Organ einstiger Kapitänleutnants angefeuert, Riemen, Schot und Pinne handhaben. Ja, mit dem früheren Lotsenschoner »Gud-Win« seilen sie bis nach Kopenhagen.

Das gibt es auch im Ausland. In dem mondänen französischen Bad Deauville hat man ein größeres Segelschulschiff, die »Alcion«, in Dienst gestellt, um Damen der Gesellschaft eine gründliche Schiffsführung und die Arbeit in der Takelage auf hoher See nahezubringen.

Schule ist Schule. Marine ist eine männliche Einrichtung. Auf Kommando strammstehen, pullen, schweigen, singen, waschen, essen, schlafen oder wachen, ich weiß nicht, ob du, Freundin, dergleichen Disziplinübungen vorziehst oder nötig hast. Dein Lehrgang sei nicht die pädagogische Einsicht und Willkür gruppenweiser Anleitung. Obwohl Segelschulen gelüfteter sind als die immer noch ungelüfteteren Bänke des Abiturs.

Einspännerinnen

Aber es ist dennoch wie mit dem Abitur: Im Leben ist es anders. Freundinnen, die von der Jachtschule kommen, sind nicht immer gute Segelkameradinnen. Es geht ihnen wie dem Flieger, der als Fahrgast in der Flugkabine sitzen soll, wie dem Fahrer, der nicht selbst den Volant in der Hand hat. Sie kommen zu keinem Genuß.

Sie werden zumeist Einspännerinnen, die mit ihrem hübschen Kahn tollkühn vor den Fährhäusern und Vergnügungsstegen der Gewässer kreuzen und ihr zartes Gewicht über Luv hinaushängen, daß ihre jungshaften Haare die Wellen kitzeln. Die Fernstecher der Bewunderer folgen ihnen, und manchmal erkreuzen sie sich einen braven Gefährten, der dankbar ist, wenn er auf dem Meere der Liebe und im Hafen der Ehe die Fock bedienen darf.

Härte und Seele

Joan Lowell beschreibt aufregend die wahrhaft härteste Segelschule, die einem Mädchen zugemutet werden konnte. Und in Richard Hughes: Highwind of Jamaica gewöhnt sich eine halbwüchsige Mädchenseele ohne Qual an das rauhe Leben an Bord eines Kaperseglers. Und dennoch geht bei beiden kaum eine Spur des Rohen und Grausigen über in die erwachsenen Jahre.

Denn …

Denn ist es nicht gleich, was man bis zu seinem zwanzigsten, ja dreißigsten Lebensjahre treibt? Wenn man bis dahin nur seinen Kopf frei, sein Herz rein, seine Sinne frisch und seine Hand geschickt erhalten hat. Danach erst beginnt das Leben, auch für eine Frau.

Spurlos

Einmal wünschtest du dir, liebe Freundin, eine Seele, die nicht spurlos sei wie das Meer.

Fegefeuer

Es gibt mancherlei Purgatorien, um den Ballast der Erziehungen und Bildungen über Bord zu feuern und zu fegen, auf daß nachbleibe nichts als die eigene innere reinliche Bildung und Erzogenheit. Ein tüchtiger Segelwind, ein paar Tage im Boot auf freier See, Himmel und Meer preisgegeben und seinen auf sich selber angewiesenen inneren und äußeren Kräften, das ist das beste Fegefeuer der Welt.

Kameradschaft

Sprechen wir von Kameradschaft? Warum nicht. Es ist uns selbstverständlich. Und ist dennoch eine merkwürdige Sache an Bord. Wehrhaftigkeit, Heerbann, Vasallentreue, Frontgeist: Laß dergleichen dem Manne. Kameradschaft beweist sich nicht so sehr in Kompanien. Sie beweist sich unter einzelnen. Ihre höchste Form ist die zwischen Mann und Frau. Kameradschaft an Bord: Hier wohnt das Erhabene und das Menschliche eng beieinander. Teils mit Takt, teils mit Humor ist man jeder Pendelung gewachsen.

Unschuld

Laß die Bedrückungen des Alltags zu Haus! Das allzu Allgemeine, die wirtschaftlichen, die politischen Krisen, die Öffentlichkeiten, die Ebene des Rundfunks, den Tratsch der Straße. Und auch das allzu Persönliche, die Hemmungen deines Berufes, deiner Familie, deiner Neigungen, deine Unerfülltheiten, modischen Wünsche, deine Demütigungen, deine Sorgen, deinen Haß, ja, selbst deine Liebe. Sei unschuldig! Das heißt: Sei unbefangen! Sei vom Alltag unberührt! Sei leicht! Sei ohne Harm! Sei willenlos aufnahmefähig! Es gibt jene wiedergewonnene Unschuld und Unbeflecktheit der Seele, von der Heinrich von Kleist in seinem wundervollen Aufsatz über das Marionettentheater sagt, sie sei das letzte Kapitel von der Geschichte der Welt.

Nun, was nützt es alles, das zu wissen? Wer springt über den Schatten der Zeit und über seinen eigenen Schatten, zumal auf der schattenlosen See? Und dennoch ist gut, es zu wissen. Darum sei wenigstens heiter! Und kannst du nicht heiter sein, so sei still und sei ohne Eigensinn!

Ahoi!

Segelkameraden begrüßen einander nicht mit: Ahoi! Die Ansager in Kabaretten vielleicht und die Lautsprecher in Seegroßtonfilmen begrüßen die Provinzen des Publikums mit Ahoi. Es ist ein Landrattenwort geworden, wie auch Landratte ein Landrattenwort ist. Selbst Maria Ney sagt kaum noch Ahoi.

Vertraulichkeiten

Bist du allein mit nur einem, so liegen die Grenzen eurer Unterhaltung in deiner Hand. Ist man zu mehreren an Bord, so ergibt sich von selber ein

Übereinkommen, das den Dunstkreis der Stammtische und Kasinos einen Strich höher legt. Und sind noch so rauhe Burschen darunter: Männer passen gut auf Männer auf, und je lohnender das Wild, desto vorsichtiger sind im Dickicht der Kultur die Jäger. Sei unbesorgt! Und wenn du das Glück hast, unter vielen Männern die einzige Frau an Bord zu sein, so kann es in einem amerikanischen Präriefilm nicht herziger und hochachtungsvoller zugehen.

Die Gefangenschaft

Biederkeit allein hingegen langweilt. Ein Boot kannst du nicht nach Belieben verlassen wie einen Wagen oder ein Restaurant. Sei dir bewußt: An Bord sein bedeutet gefangen sein. Solche Gefangenschaft kann je nach Schwierigkeit des Fahrwassers und der Unschwierigkeit der Veranlagungen eine Färbung annehmen zwischen Familienpension, Klubzimmer, Likedeelertum, Klosterzucht und Zwangsarbeit. Zumeist läuft alles schmerzlos ab. Dennoch: Sieh dir deine Mitgefangenen vorher an, liebes Kind! Denn wer ist der eigenen inneren Schätze und des anderen Tugend und Tüchtigkeit so unbedingt sicher in dieser unsicheren Zeit?

Knoten

Das Knotenschürzen und das Splissen, das kunstvolle Verflechten von Tauwerk ist eine alltägliche und nüchterne Sache an Bord. Doch wenn man will, ist jeder Knoten von uraltem Geheimnis umwittert. Und von uralter Mathematik. Da gibt es die Knoten der Logleine und die Knoten der Planetenbahnen und die der schwingenden Saiten, die Knotenschnüre primitiver Rosenkränze, den Henkersknoten und den Knoten im Taschentuch, und es gibt die hochentwickelte, bislang größtenteils für uns nicht entzifferbare Knotenschrift versunkener Indianerkaiserreiche, wie das Quippu der alten Peruaner. Es gibt die geknoteten Zweige auf den Hexenstiegen und gibt das Faden-Abnehmespiel, das

wir als Kinder so harmlos übten und das ein verschollenes Beschwörungs-, Seelenfang- und Gedankenschlingenspiel ist. Es gibt den Knoten am Ranzen des Reineke Voss. Und es gibt Kerle, die man als Knoten bezeichnet. Und geht man letzterem auf den Grund, kommt man auf das mystische Nestelknüpfen, das jedes Entschlüpfen des Geliebten vereiteln soll, wenn er nicht anders zu fesseln ist. So daß ein Knoten manchmal ein Mann ist, dem man schwer beikommt, der zu sehr gebunden, der vielleicht ein allzu braver Ehemann ist.
Die verzwickten Verschlingungen, die das laufende Gut erfordern kann, und die zu beherrschen der

Stolz des befahrenen Herrn der Schöpfung ist, werden deinen behenden Fingern und deiner nadelgewitzten Einsicht weit weniger Schwierigkeiten machen als etwa den bretternen Pfoten des Schiffsjungen, der sie zu lernen hat. Frauen sind von altersher das Knotenschlagen gewohnt, und obwohl Knüpf- und Klöppelarbeiten nicht immer Mode sind, liegt die Überlieferung im Blute, und vom gehäkelten Sofaschoner und vom geflochtenen Zopf der Großmuhme ist technisch nur ein kleiner Schritt bis zum Reffstich und zur Katzenpfote, zum Nackenschlag, Altweiberknoten, doppeltem Paalsteek und Rundtörn.
Hätte Alexander der Große seine Freundin zu Rate gezogen, als der Knoten am Zeuswagen des Phrygerkönigs Gordius seinen Bemühungen widerstand, er hätte vielleicht nachdem nicht am Indus Halt zu machen brauchen. Aber er hatte es eilig und hieb mit dem Schwerte zu. Und trennte Joch und Deichsel. An Bord wird man eine Verbindung nur dann rücksichtslos kappen, wenn es gar nicht mehr anders geht.

Das Fenderspiel

Die Fender sind kleine kork- oder kapokgefüllte Leinenkissen, die den hübschen Anstrich der Außenhaut bei Anrempelungen schützen sollen. Eine Segelfreundin erfand statt des Knobelns das Fenderspiel, das mit Pfänderspiel nicht viel gemeinsam hat. Sie bändselte alle Fender los, gab jedem ihrer Partner – sie fuhr mit zweien – die Hälfte des Haufens, ließ mit einer hochgeworfenen Münze Yin und Yang, Schrift und Bild, Back- und Steuerbord auslosen, übernahm Schot und Pinne und zählte bis drei. Wer mit der Wiederanbringung der Fender zuerst fertig war, hatte gewonnen. Der Gewinn braucht nicht immer vorher bekanntgegeben zu werden. Das Fenderspiel wäre für den, der die Leeseite erwischt, oft ein aussichtsloses Vergnügen, wenn nicht die Dame am Ruder hin und wieder über den andern Bug gehen würde und somit Luv und Lee vertauschte. Man kann es, nacheinander, mit beliebig viel Teilnehmern spielen. Ist man nur zu dreien, so ist es besser, vor Beginn die Fock zu bergen.

Märchen

Es liebte ein Königssohn eine Königstochter, sie aber wollte nicht. Da ließ er ein Schiff ausrüsten und belud es mit kunstreichen Waren, verkleidete sich als Kaufmann und segelte in den Hafen jener Spröden. Dort lockte er sie zur Besichtigung an Bord, und als sie ganz vertieft war in die hübschen Sachen, ließ er heimlich die Segel hissen. Ehe sie es bemerkte, war es zu spät. Sie befanden sich schon auf hoher See. Er suchte ihre Entrüstung mit dem Geständnis seiner großen Liebe zu beschwichtigen. Sie jedoch jammerte – ein umgekehrtes Käthchen von Heilbronn – sie könne ihm nimmermehr angehören. Da er ihr aber seine Ebenbürtigkeit bewies, ward sie getröstet.

Das Beiboot

Das Beiboot dient zum bequemen Anlandgehen. Es ist manchmal als Vorspann nützlich, wenn man auf Grund sitzt oder allzu tief in der Flaute. Auf der Fahrt hüpft es munter hinterdrein. Es sieht nett aus. Sein Name ist Moses, genau wie der des kleinsten Schiffsjungen. Wenn der Schwell zu grob wird, muß es an Bord festgezurrt werden. Eigentlich ist es hinderlich und im Wege. Sieh zu, Herz, daß du nicht nur als Beiboot geführt wirst.

Bücher

Man kann an Bord nicht recht lesen. Schwere Kost schon gar nicht, und leichte schmeckt hier fader als an Land. Man ist auf sich selber angewiesen und auf den Allernächsten. Und wenn die Ablenkungen der Gegenwart, die Spannungen der wechselvollen Fahrt Raum lassen, so zehrt man von Erinnerungen und Erwartungen.

Zeitungen

Es ist erstaunlich, wie gleichgültig einem auf längeren Segelfahrten Zeitungsnachrichten werden.

Lyrische Erwartung

Erwarte im allgemeinen keine lyrischen Feingefühle von Sportsleuten. Was du vielleicht mit Recht künstlerisch an deiner Genußfähigkeit nennst, reicht bei den meisten nicht weiter als wie es auf Postkarten zu kaufen ist und steigert sich selten über das übliche Erknipsen von Andenkenfotos hinaus. Der Senat der Freien und Hansestadt Hamburg stiftete einmal einen Ehrenpreis für einen Segelwettbewerb. Der damit beauftragte Bildhauer wählte nicht den gewöhnlichen unmöglichen Pokal, sondern ein figürlich allegorisches Thema, was immerhin erstaunlich war in einem sachlichen Jahrzehnt. Es war benennbar: Wind über Welle. Und ist der schönste Segelpreis, der je gewonnen wurde. Der Vorsitzende des siegreichen Vereins nun deutete ihn in schäumender Ansprache als endlich das wahre Symbol der Bettschonerklasse, indem es den wichtigen Moment verewige, wo der Mann triumphierend mit dem Hausschlüssel – den er trotz der fragwürdigen Bekleidung fraglos in der Tasche trage – der gebeugten Gattin entfleuche ... Nun, Humor ist nicht immer Humor. Jedoch ist es für das Wohlbefinden ratsam, derbe Äußerungen und selbst Entgleisungen als humorhafte Bemühung zu werten. Nein, erwarte

nichts! Dennoch: Schäme dich deiner empfindsameren Tastungen nicht! So gröblich und so uneitel ist kein Mann, daß er nicht Neigung hatte, sich eine Ahnung dämmern zu lassen von den zarteren Genüssen und den feinschmeckerischen Maßstäben des Geistes einer Freundin zuliebe.
Nie aber sei hochmütig. Es kann sich ereignen, daß unter einer wettergeteerten Haut, hinter verkniffenen, seefarbenen Augen plötzlich die Tiefe des Gemütes aufblitzt, und das Lot, das du neugierig hineinsenktest, weiter abrollt, als es je bei dir selber getan. Es wird sich da zumeist um einfache, sonst schweigsame und langbefahrene Naturen handeln. Der kleine allgemein gebildete Sonntagssegler ist es nicht.

Garn

Garn spinnen ... das kann so eine überraschend männliche Angelegenheit sein. Es ist das Jägerlatein der See. Geschichten vorm Mast pflegen in Salzwasser gebrüht zu sein. Und der Duft der Shagpfeife gehört dazu. Hast du es einmal auf der Schaukel des Bootes unter der Harfe des Windes, im Rascheln der Fahrtwelle, unter der wolkenwandernden Glocke, im dünungsschwingenden Horizonte vernommen, es wird dich kritisch machen gegen manches, was an Land große Literatur ist.

Galione

Allein, vorn auf das Schanddeck gestreckt, umarmend den Klüverbaum, vom Stagsegel beschirmt, einsam still in die Weite gehoben, niedersinkend gegen den flimmernden Gischt, daraus Regenbögen abstoben über dein fliegendes Haar; eingebettet in die Melodie des Wassers, warst du dem Auf und Ab, dem Aufgewühlten, sich Bäumenden, zu Kronen und Katzen sich Ballenden, zu Mähnen und Schaum Zerfliegenden der Wellen, ach, dem Spiegelbild Welt zugetan, entrückt den mäßigen Schnäcken der Bordgemeinde. So sah ich dich, und du tatest recht. Still und schön warst du wie die Galionsfigur an längst versunkenen Schiffen.

Einsamkeit

Allein oder unter Menschen einsam, nicht immer ist es ein grausames Gefühl. Zuflucht, Erholung, Erhabenheit, Sammlung, Allempfindung, das alles kann Einsamkeit sein. Es sind dicke Bücher darüber geschrieben, und jeder gute Geist hat einmal irgendein tröstliches oder verzweifeltes Wort über die Einsamkeit gesagt. Manchmal ätzt ein Tropfen Überhebung hindurch. Es ist Notwehr. Allerletzte Einsamkeit ist nur dem Weisen ertragbar. Jedes junge Mädchen flirtet mit dem »Nönnchen« in sich. Es ist oft gut, das an Bord zu tun. Aber niemand kann von dir erwarten, daß du ein Weiser bist. Sieh zu, daß du nicht allzu lange sehr allein bist, zumindest in der lieben Seele nicht! Aber lerne beizeiten, daß es nicht viele sein müssen, sonst wird dich auf größerer Fahrt die Einsamkeit des Meeres und die Enge des Bootes erschrecken.

Die andere Seele

Die Entdeckung des anderen auf einer einsamen Segelfahrt kann ein großes Abenteuer sein. Wie oft läßt man an Land sich selber zu Haus und trifft die Gastgeber nicht an. Das Boot, nicht größer als eine Stube, der Horizont, größer als jeder Saal, die notwendige strenge Ordnung an Bord und die urgewaltige Launenhaftigkeit der Natur ergeben eine Spannung, der kein Seelenpanzer auf die Dauer standhält. Man wird bald sehen, was darunter ist.

Pfadfinder

Die Wanderfahrten junger Leute zu Fuß, im Faltboot, in Lager, Freibad und Zelt, diese anglikanische Pfadfinder-Ära wird manchmal gepriesen als endliche Durchlüftung unserer stadtverstaubten, wissenschaftlich verkleisterten Kultur und Unnatur. Man darf es als eine erklärliche Rückschwingung schätzen, wie es rund alle hundert Jahre der weißen Rasse sich bescheidet als ein urväterlicher Ausbruch, als ein triebhafter Rückfall ins Paradies des Einfachen. Hinter der Wild-West-Spielerei dröhnt der bittere Schritt des Kriegers.

Schätzung

Die Bauart eines Pferdes, eines Menschen, eines Bootes rasch zu schätzen: Betrachte von hinten!

Stil

Ein schnittiges Boot verlangt einen gewissen Stil der Kleidung. Knallige Buntheit und die allzu freudige öffentliche Entäußerung jeder Hülle überlasse man den Kanus, die sowieso von den Kanakern stammen und den Vorzug des Leichten haben.

Baden

Vom Boot aus sich in die Flut zu werfen, von Sonne umwölbt, in sänftliche Wellen zu tauchen wie in grünes süßes Apfelgallert oder in mildblaue flüssige Türkise (je nach poetischen Vergleichsmöglichkeiten) und ganz ohne Bildhaftigkeit, in das wundervollste aller Elemente, in die Reinheit des Wassers, dessen Färbung anders ist je nach der Gegend der Erde, je nach feinsten mineralischen, pflanzlichen und tierischen Zusätzen, je nach dem Himmel, der

sich darin spiegelt. Und den Duft dieses Wassers nahe zu atmen, seinen Geschmack auf den Lippen zu kosten, den gesteinig glimmrigen des Starnberger Sees, den nach Langusten der Adria, den schleimig bitteren der Nordsee. Etwa bei zunehmendem Mond nach einem kalmen, sonnigen Tage in lauer Nacht von Bord hinabzugleiten und umringt zu sein vom Meeresleuchten, das von jeder Bewegung wie mit Zauberruten angezündet wird und in flirrenden Silberwirbeln deine Glieder umgibt, daß du dahinschwebst wie in einer perlschaumgefüllten Schale aus Licht. Außergewöhnliche und sehr private Genüsse können das sein. Das Boot eine Insel, deren Statthalter und König, deren Bewohner und Wachtmeister niemand als man selber ist. Ich sah dich wie einen jungen Delphin die lackierte Küste umspielen. Anmutig und geschickt wie ein Malaienjunge dich über die Steilböschung zurückschwingen auf das Ufer des Decks. O ja, es ist gut, schlank zu sein! Fallreep und Treppe sind nur in luxuriösen Fällen vorhanden, und es ist nicht das Richtige, mit der Winsch an Bord zurückgehievt zu werden.

Flaute

Das Liegen in der Flaute, so man Zeit hat und die Dünung nicht zu lästig ist und das Klappern der schlappen Segel noch erträglich und man Raum hat zum steuerlosen Treiben und nicht dauernd hilflos gegen Nachbarboote anbumst, und nicht die zermürbende Ahnung jäher Böen unbekannter Richtung und gefährlicher Fallwinde an den Nerven zerrt, wenn alle diese Vorbedingungen in einer sanften großen sichtigen, spiegelwebenden Weite erfüllt sind, dann ist Flaute: Große Zeit des Stilleseins, schwebenden Wartens, der innersten Gedanken. Und auch zu anderer Stunde, da man den Aufenthalt nicht eingerechnet hat und Ungeduld über die Planken ächzt und an den Mast mit zwei Fingern kratzt (mit dem Mittelfinger, der saturnisch ist und dem Wind und den Elementen verbunden seit Urbeginn, und mit dem Zeigefinger, der dem Jupiter geweiht ist und dem Herrschaft innewohnt über die Triebe der Natur) auch zu solchen Stunden, da kein Seufzer nützt, den Seufzer der Brise hervorzulocken, ist Flaute gut. Dieses Treiben vor dem Ziel, dies machtlos dem Schicksal preisgegeben sein, unentrinnbar der Weite angefesselt sein, was nicht nur auf der See, was auch schon auf kleinerem, strömungslosem Gewässer Erlebnis werden kann, ist es nicht überhaupt eine der wenigen Möglichkeiten des Schicksals, einzugreifen in unsere Hast und Ungeduld? Und ein unbestechlicher Prüfer dessen, ob deine Seele fähig ist, Zeit zu ertragen, Zeit, nichts als Zeit zu haben und sie auszufüllen vermag aus sich selber. Segler, die bei solcher Gelegenheit notgedrungen in sich hinabstiegen und bestürzt oder gelangweilt wieder ans Licht traten und hilflos sich weiterärgerten, sollen sich lieber eine Barkasse zulegen.

Hilfsmotor

Dennoch kann ein Hilfsmotor zuweilen dienlich sein.

Nebel

Nebel wirkt wie eine Lupe, soweit er durchsichtig ist. Das kann sehr gespenstig sein. Aber schnell verdrückt sich einem die Lust am Phantastischen, wenn er dicht wird wie ein Sack und man Scheuertücher atmet und blind wie die Göttin Justizia herumtappt, aus dem Unübersehbarem und Drohendem erschreckt und gewarnt vom Geheul der Sirenen und dem großen Lärm der Dampfer und dem Gebelfer der Schiffsglocken, selber nervös zurücktönend in das weglos gewordene Fahrwasser. Schließlich rasseln alle Anker zu Grund, die Ankerlampen steigen auf. Die Schiffahrt ist gelähmt. In solchen Lagen werden dir dunkle Augenblicke deiner Seele einfallen. Aber laß nicht und nie das Aussichtslose Herr über dich werden! Selbst auf der Themse ist der Nebel keine ewige Einrichtung. Und es gehört zu den erhebendsten Erlebnissen, wenn sich Nebel lichtet.

Fata Morgana

Boote an der Kimm wachsen manchmal langgezogen hochbordig, und so kann eine ferne Fischerflotte aussehen wie ein Geschwader mittelalterlicher Koggen. Inseln werden voreilig über den Horizont gerückt, und nicht einmal überkopf wie in der Wüste. Das Land, dahin man steuert, kommt allen Berechnungen entgegen zu früh in Sicht. Und täuscht. Und versinkt wieder. Nachts kann es sein, daß Küsten auf das Boot zuzuschweben scheinen und man schon fürchtet aufzulaufen. Spuk der Spiegelung in verschieden dichten Luftschichten. Ankündigungen schlechten Wetters oft. Besonders verwirrend zwischen den Halligen der Nordsee und den Schären Schwedens. Über letztere und das Segeln dort finden sich reizvolle Ausschnitte in Strindbergs Roman: Am offenen Meer.

Vakuum

Vakuum, der hohle Raum der Seele, ist nicht eine gnadenlose Angelegenheit, nicht vielleicht die unfruchtbare Wüste, in der du zu verschmachten vermeinst. Nicht jeder kann einen Dschungel in sich tragen, darin die Bestien röhren, und in das Entdeckungsreisen zu unternehmen, es ihn und andere lockt. Aber wer kennt sich, seine Urwälder, seine

Polargebiete, seine Golfströme, seine Irrgärten, seine Oasen? Doch sind es gewöhnlich diese Gefilde nicht, die in der Einsamkeit an Bord ersprießlich sind. Ersprießlicher ist das Vakuum. Bedenke das: Es ist weniger der Druck des Windes, der ein Segel vorwärtstreibt, es ist vielmehr der Dünnluftraum, das Vakuum, das im Windschatten der Rückseite entsteht. Und das Segel vorwärtssaugt. So also vertraue deinem Vakuum! Laß es die Stille des Nichtwünschens sein! Das geheimnisvolle Nirwana Buddahs, das »durch Erkenntnis und Tugend erreichbare Auslöschen in glückseliges Nichts«! Das »Wollenicht« der großen christlichen Mystiker.

Rasmus

Rasmus, der Wind, hat es anscheinend nicht gern, wenn jemand den Mund zum Flöten spitzt. Das soll daher kommen: Als der Fliegende Holländer noch jung war und unverwunschen, liebte er Kitty, ein Mädchen, das zu den Männern zu sagen pflegte: Whistle, my lad, and I'll come to you at once! Sobald er in den Hafen kam, pfiff er das verabredete Signal. Einmal aber kam er in den Hafen und hatte eine Mohrensklavin an Bord, die er zu Algier gekauft und zu seiner Freude erkoren hatte. Darum schwieg er. Statt seiner aber pfiff Rasmus, der Wind, der diese Untreue nicht in Ordnung fand. Das Mädchen hörte es und kam alsbald wie gewöhnlich an Bord, entdeckte die andere und machte eine höllische Szene. Das Ende vom Liede war, daß ihr einstiger Freund sie über Bord warf. Sie ertrank. Seitdem verkriecht Rasmus sich betreten, wenn jemand an Bord sich eins pfeift. Oder aber er fühlt sich peinlich geneckt und wird böse und flötet auch, aber aus einer ganz ungeeigneten Richtung. Manchmal soll ein nicht zu alter Hut, den man in Luv über die Reling opfert, ihn wieder zum Guten ablenken, wohl, weil ihn dann eine Erinnerung anfällt an den hübschen Florentiner jener armen Kitty, mit dem er damals noch eine Zeitlang gespielt.

Der Klabautermann

Es gibt junge Mädchen, die nicht gern in Booten segeln, deren Planken aus Eichenholz sind. Sie fürchten sich vor dem Klabautermann. Es könnte sein, daß unter der Eiche, von der das Holz stammt, einst eine Kindesmörderin ihr Kind vergraben hat. Dann spukt es auf dem Boot. Unversehens rasselt, klirrt, klopft oder poltert es dann manchmal unter Deck, und manchmal sitzt mit uraltem Kindergesicht ein kleiner Mann in dem grauen oder blauen

Anzug eines Waisenkindes auf dem Klüver und raucht eine Tonpfeife. Wenn man am 29. Februar genau Schlag acht Glas Mitternacht bei Vollmond in der Minute der Flutkenterung an der Küste des Meeres geboren wurde, kann man den Klabautermann sehen. Es ist der Geist des ermordeten Kindes. Und danach gibt es zumeist Havarie. Nicht immer geht das Schiff unter. Wenn junge Frauen an Bord sind, begnügt sich der Klabautermann zumeist damit, das Geheimnis der Seelenwanderung zu seiner Erlösung auszunutzen und den Keim zu segnen zu seiner Neugeburt. Das Kind nun, darin er sich erlöst, pflegt ein Junge zu sein, der den unwiderstehlichen Drang zur See in sich spürt und das Zeug hat, ein berühmter Admiral oder Seeräuber zu werden.

Sturm

Mit mehr oder minder gerefften Segeln gegen eine steife Brise anzukreuzen, von Spritzern umsprüht, ist erregend und schön, wenn Boot und Steuermann die Brecher zu nehmen wissen. Und ist auch ungemein malerisch, und das Blut hat ein anderes Tempo als im Trott des Alltäglichen. Doch auch das hat seinen Reiz, rechtzeitig das Großsegel zu bergen und beigedreht vor dem Sturm zu lenzen, mit zum Platzen praller Sturmfock bebend hinzurauschen durch Rasmussens Höllenflöte und Jan Blanks weißwogende Bärte. Jan Blank, das ist die Nordsee, die Mordsee. Halte der Himmel uns klar von den erbarmungslosen Sänden und Triebsänden, von Scharhörn, Trischen und Großvogelsand, wo die Brandung brüllt mit geifernden Lefzen und zerschmetternden Pranken, und klar von dem trügerischen Watt, dem flachlauernden Seegrund, der einst Land war und schlingen will, wie er selbst verschlungen ward. Möge es nicht Nacht sein, nicht unsichtig von Regenböen, da kein Feuerschiff und Leuchtfeuer auszumachen ist nah und fern. Das gäbe schaurige Geschichten, nett zu lesen in sicherem Schaukelstuhl. Aber verflucht, mitten dabei zu sein, in Kälte durchnäßt, das Boot zitternd unter den Schlägen der Seen, stöhnend, jankend, krachend, als sollten seine Verbände jeden Augenblick zerbersten, als sollte die heulende Rigging herunterprasseln wie eine Horde Keulen und Peitschen, uns zu erschlagen. Es ist einem sodann, als hätte man sich schon längst dringlicher mit dem lieben Gott ins Einvernehmen setzen sollen.

Gedicht

An dieser Stelle, dem glücklichen Ausgang zuliebe, ist es angebracht, in der Weltverbundenheit allen schiffbaren Wassers, des Chinesen Thu Fu reizende Bootsverse neu zu übertragen:

Es briest, es gießt, es bleibt kein Faden trocken,
Hu, wie uns friert, die Bö heult übers Boot.

Die lieben Mädchen schrein und sind erschrocken;
Die Seide klebt; sie schämen sich halbtot.

Nun sind wir da. Das Boot sträubt sich zu landen.
Im Winde knallt das Segel, das uns blieb.
O Himmel, du machst unsere Lust zuschanden,
Nun tröste uns, und hab' uns wieder lieb!

Musik

Orkan! Beigedreht vor Treibanker. (Wenn außerhalb jeder Fahrrinne fern aller Küsten und Untiefen reichlich Treibraum ist.) Unter dichter Luke in enger wirbelnder Kajüte. Es ist nicht immer ein erhabenes Gefühl, ohne Feigheit gesagt. Aber durch alle armselige Blässe der eignen Kraft hindurch hat man ein selten aufmerksames Ohr für die Stimme der allgewaltigen tobenden Natur. Nicht nur, daß man untergründig auf den Augenblick luxt, sie an einer schwachen Stelle zu überlisten. Wenn man es glücklich überwettert hat, hat man Erinnerung wie an ungeheuer erschütternde Musik. Ohne gerade dabei an Wagner zu denken, obgleich er tatsächlich einen teuflischen Nordsee-Kuhsturm erlebt hatte, ehe er seinen Fliegenden Holländer schrieb.

Musik an Bord

Um gleich davon zu sprechen: Verlange nicht die neuesten Schallplatten oder eine Funkanlage teils für SOS, teils für die Tanzwelle von London-Savoy.

Eine Handharmonika vorm Mast und ein einfaches Matrosenlied läßt das alles vergessen. Sollte aber das Grammophon, ganz gleich, was damit übertönt werden soll, Kajüte oder Plicht mit den beliebten preußischen Militärmärschen füllen, so verlange ruhig nach deinem Tango oder englischen Walzer. Denn jedem das, wonach zu exerzieren ihm schwanen möchte! Und das Gemüt einer Frau hat es nun einmal nicht nötig, so patriotisch zu sein wie ein Mann. Waffen- und grenzenlos darf sie, dem Engel des Friedens gleich, angetan mit Lilie und Palme, über dem Männergeknurre der Völker schweben und sprechen: Liebe! Liebe! ...

Krengen

Es ist nicht Mannes Art, sich zu ducken. Darum soll dein Segelmaat sein Boot nicht zu sehr krengen lassen! Wenn ein Boot stark überliegend durchs Wasser pitscht, daß man fast den Kiel sieht und die Insassen hoch in Luv auf der Scheuerleiste balancieren, dann ruft der Laie: Donnerschlag, der ist nicht bange! Da aber solche Boote zumeist einen tiefliegenden Schwerpunkt haben, so daß ein Kentern ziemlich ausgeschlossen ist, so gehört weniger Mut dazu, als es dem Unbefangenen deucht. Es ist auch gar nicht vorteilhaft, so schief zu fahren, wenn nicht etwa der Tante oder sonst einem unbequemen Gast die Neigung zum Mitfahren ein für allemal versalzen werden soll. Ein krengendes Boot ist wie ein Geduckter: Die Angriffsfläche wird kleiner. Das mag an Land bei Barrikadenkämpfen der bessere Teil der Tapferkeit sein, beim Segeln ist es zum Nachteil, denn der Angreifer ist der Wind, und dem sich am gehörigsten preiszugeben, macht die Kunst des Segelns aus.

Regatten

Die Frau eines Sportseglers meinte einmal betrübt: Er ist eigentlich nur mein Regatte.

Seeräuber

Die junge Witwe und Begine Hilgesill v. Leuba folgte dem Magister Wikbold, der Anführer war bei den

Seeräubern und Likedeelern der Nordsee. Die sechzehnjährige schöne Kreolin Blanche Périgoud aus Nordkarolina folgte dem Seeräuber Eduard Teach, genannt Schwarzbart, obgleich er ein Vieh und Säufer war, und ward ihm angetraut als seine vierzehnte Frau. Die Matrosentochter Mary Read und das Advokatenkind Anna Bonny folgten nach wechselvollen Schicksalen dem Seeräuberkapitän Rackam und nahmen in Männerkleidung tapferen Anteil an den blutigen Kaperkämpfen um Westindien. Dorthin fahren, nach zweihundert Jahren, die schönsten Schiffe der großen Reedereien allmärzlich auf »Kaperkreuzfahrten«. An Bord sind Piratenkostüme zu mieten, und obwohl nur ihre eignen Beutel geschröpft werden, fühlen sich die meisten der vermögenden Fahrgäste doch sonderbar wohl in einer Aufmachung, die allsonst bei Abwicklung ihrer Geschäfte allzu offenkundig wäre. Aber auch welcher Segelklub hat nicht seinen Korsarenkorso? Nicht, daß die Romantik der Seefahrt mit den Flibustiern ausgestorben sei. Es scheinen in der Menschheit dunkle Neigungen zu schlummern, Erholungspausen auch von Recht, Sitte und Ordnung einzulegen, und es gehört zur Lebenskunst, dem ab und an harmlos Rechnung zu tragen.

Ehrgeiz

Auf Gedeih und Verderb, nach dem Motto: Hier ward nich bidreiht, ward nicht refft, bit wie dat

Ziel tofoten hefft! zu segeln, soll deines Freundes Ehrgeiz nicht sein, wenn du an Bord bist. Er überlasse das solange den Korsaren, den Kieler Wochen und den Königen von England.

Artemisia

Nicht, als ob Frauen nicht auch Heldentaten vermögen, deren sich kein Mann zu schämen brauchte. Artemisia, Fürstin von Halikarnaß, deckte des Perserkönigs Xerxes Rückzug in der Seeschlacht bei Salamis. Sie stand kühn auf der Poop ihres Admiralsschiffes und befehligte ihre Flotte mit bewundernswerter Klugheit und Entschlossenheit. Und hätte fast unsere ganze klassische Bildung zum Scheitern gebracht. Trink ein Glas Wermut auf ihr Wohl, der gekeltert ist aus jenen herb aromatischen Rispen, die ihren Namen tragen!

Kerkermeister

Es gibt Männer, welche die Einsamkeit der See und die Gefangenschaft des Bordlebens dazu benutzen, den Kerkermeister zu mimen. Weniger, weil ihnen einige vordem genannte Begriffe (als Zustandserklärung) geläufig sind, als aus Trieben, die an Land keinen Ablauf fanden. Das sind dann die Leute des lauten Kommandos, des Unteroffiziertones, der Befehlshaberposen. Man sollte annehmen, liebe Freundin, daß dein Gefühl dir schon an Land sagen mußte: Nicht mit diesen fahre! Tust du es der Fahrt, des Abenteuers, der Landschaft wegen trotzdem, so wappne dich mit Kühlheit, Heiterkeit und Wurschtigkeit.

Matrosen

Sieh an einfachen Seeleuten, an Kapitänen, Offizieren und Matrosen, wie ein Mann an Bord sich benehmen soll: Besonnen, unhastig, unlaut, selbst im kritischen Augenblick unaufgeregt, kurz, ohne Geschrei.

Flüche

Die in mäßigen Seegeschichten so berühmten Seemannsflüche entstammen gewöhnlich dem Kasernenhof der Seesoldaten und dem Bugsierdienst der Häfen. Dennoch sind Unterhaltungen zwischen Seeleuten oft von unübertrefflicher bildhaft gewürzter, klanglich großartiger, witzpraller Saftigkeit.

Alkohol

Ähnlich ist es mit der Nachrede vom ewigen Trinken scharfer Sachen an Bord. Sie stammt aus Hafenkneipen und von Barkassentouren auf sicherem Süßgewässer, aus der Seeräuberromantik und aus den Gewohnheiten der Fahrgäste auf großen Überseedampfern. Und dennoch hat es seine Reize. Es spukt da eine Überlieferung des Entbehrens. Der heute nicht so häufig mehr auftretende Vitaminmangel, der die Schnapsneigung auf See erklärlich macht. Werden doch selbst Elefanten zu Alkoholikern, wenn man ihnen das frische Heu entzieht, und Meerschweine beginnen, Zitronensaft zu saufen, den sie bei ihnen entsprechender Nahrung verabscheuen. Auf der Polarexpedition des Eisbrechers »Krassin« nahm man die Vitamine hauptsächlich als schwarzen Kaffee zu sich. Aber trotzdem, wer an Bord möchte die Kognakflasche missen?

Nelson

Admiral Nelson war einer der größten Segelkapitäne aller Zeiten. Als man ihn einst bewundernd pries, erklärte er bescheiden, seine Erfolge seien durch dreierlei ermöglicht worden, und zumal die Seeschlacht bei Abukir, die Napoleons Orientträume zerschlug, habe er gewonnen mit: Sauerkraut, Zitronensaft und Zwiebeln. Seine Erfahrung und die der langen Entdeckungsreisen Kapitän Cooks und die englischer Marineärzte hatte ihn die skorbutverhütende Wirkung der genannten drei dauerhaften Lebensmittel erkennen lassen. Sie wurden in der ganzen englischen Flotte eingeführt und sicherten ihr eine stets schlagkräftige Mannschaft. Wir wissen erst seit kurzem, welch vorzügliche Vitaminträger es sind, die man da erwählt hatte. Nebenbei ist erstaunlich, wie wenig diese englische Marineweisheit, bis auf unsere Tage, Eingang gefunden hat in anderen Schiffahrtskreisen.

Ein Apfel

Es ist für alle Küchen gut, die derben Lebensbefeuerer der Weltumsegler zu kennen. Doch deinem feiertagsgewiegten Boote genüge deren liebliche Zusammenfassung: Die Apfelsine oder, falls du Bodenständigkeit vorziehst: Der Apfel. Der uns aus dem Paradiese vertrieb, ein paradiesischer Hauch haftet ihm noch an. Was auch die kleine böse Eva veranlaßt haben mag, vom Baume zu essen, in einem Punkte ist ihr Tun nachahmenswert: Man sollte einen guten Apfel essen, bevor man sich küßt. Und in beengten Fällen ersetzt er die Zahnbürste.

Bettschwere

Alkohol zur unrechten Zeit macht die Hand unsicher und verwirrt die Überlegung. Darum ist er, wie in anderen verantwortungsvollen Berufen, auch im Borddienst verpönt. Was vom Lotsen bis zum Trimmer an Land gern und reichlich nachgeholt zu werden pflegt. Die an Land oft begrüßenswerte Bettschwere ist an Bord unbequem. Wie denn willst du dem Rufe: Reise, reisee! (von to rise = sich erheben), der dich nach vier Stunden gewiegten Schlummers unerbittlich aus der Koje zieht, leicht und rasch nacheilen? Bist du aber nur Badegast und brauchst keine Wache zu beziehen, dann hindert dich nichts.

Hundewache

Ab Mitternacht auf Wache neben deinem Steuermanne, warm eingemummelt wegen der dunklen Kühle, die Sterne über dir, blühende Wiese der Unendlichkeit, darein das schwarze Segel pflügt. Zu Seiten fernes, vielleicht unsichtbares Ufer, die kreisenden Pritschen der Leuchttürme, die zwinkernden Augen der Blinkfeuer, vielleicht die Positions-Laternen, das grüne Steuerbordlicht Hoffnung, das rote Backbordlicht Liebe eines begegnenden Fahrzeuges und die weißen Top- und Hecklampen, der Zauber erleuchteter Promenadendecks und Bullaugen passierender Dampfer. Es ist unheimlich bei Nacht, der Horizont sonderbar flach und nahe, weither hört man die Glasen, den Ablauf der halben Stunden von fernen Schiffen läuten, die kleine, abgeschlossene, bewohnte Welten sind und sternhaft des nachts aufglitzern und manchmal erschreckend riesengroß vorüberrauschen und versinken im Unübersehbaren.

Sternendusche

Und über dir die Sterne. Zu denen schon die phönizischen Matrosen und die babylonischen Weisen aufblickten, sie benannten und sie zu Wegweisern erkoren und zu geheimnisvollen Lotsen, die unabwehrbar an Bord des Lebensschiffleins enterten und es lenkten zu Gut und Böse. Seit das Tier auf den Hinterbeinen aufrecht zu gehen anfing und die Hand gebrauchen lernte, seit über die Geradlinigkeit der Instinkte das Denken seine kunstvollen Netze zu knüpfen begann, und seitdem der Mensch in Furcht und Hoffnung des Nachts aufschlug seine Augen zu dem funkelnden Staub in der Schale der Unendlichkeit, ist nur eine kleine Spanne Zeit verglitten auf der Spirale der Ewigkeit. Und das von der Wissenschaft so sauber und gründlich berechnete Zifferblatt der Weltalluhr hat nicht aufgehört, geheimnisvoll zu sein. Es ist ein merkwürdiger Reiz, sich vorzustellen, daß von den verschwenderischen Glühbirnenschnüren, die Nacht für Nacht über den Horizonten aufgeschaltet werden, unser Wohl und Wehe und auch das Geschick der Völker und Zeiten abhänge. Und zu wissen, daß auch am lichten Tage man nicht entlassen sei aus dieser unermüdlichen Lenkung von oben, daß die magische Strahlung, einer immerwährenden Dusche gleich, auf uns herabsprühe, bald kalt, bald heiß, uns zu erfrischen, zu erheben, zu stärken, zu verwirren, zu ermatten, zu betäuben oder zu vernichten. Will man den unentwegten Schwärmern der Horoskoplehre folgen, so hilft gegen diese Sternendusche kein Gummidach zweifelnden Lächelns, keine Kapsel aus dem Zement der Verneinung, kein Seidenschirm des Leichtsinns, kein noch so erlesenes Geflecht logischer Gegenbeweise. Nur eines wird selbst von den fanatischsten Wärtern der himmlischen Heil- und Unheilbäder zugegeben, nämlich, daß ein harter Filter des Willens durchweg geeignet sei, den allzu scharfen Aufprall kosmischen Überflusses zu mildern, abzulenken und unter günstigen Umständen sogar aufzuheben.

Doch sei gewiß, Liebe, es ist nicht astrologische Kenntnis dazu nötig. So, wie du das Leben anpackst und wie es dich bettet, darfst du deinen Sternen oder aber deinem Unbewußtsein trauen (diesem empfindlichen Empfänger und stimmungshaften Ansager aller Darbietungen der himmlischen Rieselfelder). Traue deinen daseinsfrohen Reglern der Stromschwankungen und Widerstände. Und wisse, die Flaggen und Segel, die im Sternenwind rauschen, werden nur mittelbar durch die Fähigkeiten des Geistes gehißt oder niedergeholt.
Doch bleibt erbaulich und dienlich, dies und das benennen zu können im Geschmeide des Göttlichen, von der Hinterachse des großen Wagens aus den Polarstern zu finden, der Kassiopeia funkelnde Geißel und des Stiers Rubinenauge Aldebaran, und auch den Abendstern des Frühlings, die süße, feurige Venus, die im Juni verschwindet und im Juli als Morgenstern wieder auftaucht. Und das scharfe herrschsüchtige Blitzen des Jupiters, der aufgeht zu Herbstbeginn, wenn sich die Hundewache und die Zeit des Segelns ihrem Ende zuneigen.

Wolken

Unter den Sternen segeln die Wolken. Unter den Wolken segelt dein Boot. Träumend schaust du auf zu den Tänzerinnen, den Herolden, den Heerscharen des Windes. Doch der Blick deines Steuermanns ist sachlich und prüfend. Er liest das Horoskop der kommenden Stunden nicht aus den Sternen, sondern aus der Farbe des Himmels, die ihm bedeutungsvoll ist wie die deiner Wangen.

Isolde

Tristan und Isolde auf dem Schiffe, das die Segel übers Meer bläht. Es wird Nacht, es wird wieder Tag, angefüllt mit heimlichen Seufzern, Sehnsüchten, tötenden Bedenken, privaten, verzweifelnden Zwiegesprächen mit Recht und Sitte. Auf See geraten die Begriffe des festen Landes aus dem Gleichgewicht, werden unstet wie der Wind, schwankend wie die Welle. Was nützt das Sträuben? Venus und Jupiter stehen im Trigon. Ach, sie trinken miteinander Zaubertränke, sie vergessen die auf ihren Grundsätzen nichtschwankende Welt, dahin sie doch, unbefreit aus der Verstrickung der Gestirne, zurückkehren werden.

Grog

Dicke Gläser, Würfelzucker, darauf heißes Wasser, mit Glasstäben gerührt, dann Rum. Es muß Jamaika-Rum und so gut sein, daß man ihn auch pur trinken kann. Sanfte Mädchen bevorzugen einen milden Rotspon statt Rum. Nimmt man beides, so heißt das Getränk Eisbrecher oder Helgoländer Welle. Ein paar Tropfen Zitrone dazu, und es wird bekömmlicher. Etwas Ingwer oder Gin, und es wird feuriger. Statt Wasser kann man auch indischen Tee nehmen. Wer die anregende Färbung entbehren mag, wird sich rasch mit erstklassigem Arrak befreunden. Mit Palmwein bereitet, heißt der Grog Toddy. Ganz ausgepichte Gurgeln erhitzen den Rum und verwenden ihn statt des Wassers, so etwa, wie es Engländer gibt, die auf den vollen Whisky nur einen ganz kleinen Dash Soda spritzen, aber mehr aus Anstand denn aus Bedürfnis.

Frischwasser

Nächst dem Steuermann ist der Frischwassertank die wichtigste Einrichtung an Bord. Beide sind stets in genießbarem und leistungsfähigen Zustand zu erhalten.

Mahlzeiten

Auf freiem Wasser schmeckt jede Mahlzeit, wenn es nicht so steif weht, daß sie weder im Teller noch im Gesicht bleiben will. Dann wird man sowieso von der Hand in den Mund leben, wenn überhaupt. Doch bei gutem Wetter muß die Kombüse herhalten, ob Spritkocher oder richtiger Herd, ob mit Smutje, dem Kochsmaat oder eigenhändig. Ist man in größerem Boot und hat man einen Schipper vorm Mast, der das Essen bereitet und während der Mahlzeiten das Ruder übernimmt, so wird meistens, wenigstens bei freundlicher Witterung, zu den Haupttafelstunden »Anzug« gemacht, wie es auf Passagierschiffen üblich ist. Und warum auch nicht? Es braucht sich nicht abends immer zum Smoking und zum großen (oben so kleinen) Abendkleid zu steigern. Nur auf ganz seegehenden Luxusjachten und unumgänglich dann, wenn es zudem englische sind, ist es genau wie in der ersten Kajüte der Überseer.

Übliche Einteilung der Mahlzeiten: Norddeutsche Art: Acht Uhr: Frühstück: Obst, Kaffee, Brot, Keks, Eier, Butter, Honig, kalter Aufschnitt. – Ein Uhr: Mittagessen: Steaks, Kartoffeln, Gemüse, Kompott. Oder Pfannkuchen und Kompott. Oder Labskaus. Oder Erbsensuppe mit Würstchen. – Sechzehn Uhr: Kaffee, Butterbrote, Keks. – Zwanzig Uhr: Abendbrot: Bratkartoffeln, Tee, Brot, Aufschnitt, Obst. – Englische Art: Acht Uhr: Erstes Frühstück: Milchbrei, Eier, Räucherfisch, speckgebackene Tomaten, kaltes Fleisch, Marmeladen, Tee, Kakao, Obst. –

Ein Uhr: Zweites Frühstück: Kleines Mittagessen. – Siebzehn Uhr: Tee, Keks. – Zwanzig Uhr: Hauptmahlzeit.
Wieviel Mokka, Alkohol, Eis (oh, manche haben eine Eismaschine an Bord), das richtet sich nach den Gewohnheiten oder Neigungen des Eigners oder der Gäste. Geraucht wird immer. Obst und Nüsse sollte man nicht vergessen.

Angeln

Sein Frühstück vom Boot aus zu erangeln, ist auf vielen Binnengewässern möglich, in der Nordsee ist es mühevoll, in südlichen Meeren wegen giftiger Fischarten nicht ungefährlich; in der Ostsee lohnt es sich selten.

Feste

Kleine Bordfeste, so zwischen Käptns Dinner auf der Europa-Amerika-Route und einem Fischerball in Blankenberghe etwa. Chinesische Laternen, zarte Schlager, muntere Derbheiten, ein wenig Tanz auf engstem Raum, ein wenig Hokuspokus, Augenschwenken, Zugeproste, Singsang und Tändelei bis in die kühl flammende Frühe. Teilnehmer nicht über die Zahl der Musen. Ein einwandfreier Ankerplatz. Eine sichere Verbindung an Land. Man beachte: Ein Beiboot, in belebtem Hafen mit erheiterten, angeblauten Gästen bemannt, ist keine sichere Verbindung zum Land.

Logbuch

Das Schiffstagebuch wird gewöhnlich nur mit sachlichen Eintragungen versehen. Aber kennst du das kleine Logbuch Tosa Nikki, das eine Japanerin vor vielen hundert Jahren auf einer Segelfahrt schrieb? Du wirst es liebhaben. Vielleicht wirst du es ähnlich versuchen. Denn von deinem Freunde sollst du nicht unbedingt Poesie verlangen. Es ist besser, daß er gut segle.
Zwei deutsche Logbücher sind wert, von dir gekannt zu sein. Das eine ist hochgeistig, sehr weltmännisch und künstlerisch: Eine Sommerfahrt mit der Jacht Hamburg. Der weiland Galeriedirektor und Gentleman Alfred Lichtwark schrieb es 1904. Es ist taufrisch und anregend wie am ersten Tag. – Das andere ist seemännisch, derb humorig, gesinnungstüchtig: Weltumseglung mit dem Fischkutter Hamburg. Der deutsche Handelskapitän und Marineleutnant Carl Kircheiss schrieb es 1928, und du wirst darin erleben, was männliche Tatkraft vermag.
Die transatlantische Wettfahrt einer amerikanischen Schonerjacht beschreibt hübsch und belehrend Alfred F. Loomis in seinem Buche: Tracks across the Sea.

Inseln

Das Aufdunen ferner Inselküsten. Gibt es Köstlicheres? Fühlen wir uns nicht blutsverwandt den

Entdeckern großer Jahrhunderte? Werden nicht die alten Schmöker endlich lebendig, daran unsere Kindheit sich erbaute? Marryats: Steuermann Rüstig, Stevensons: Treasure Island, Horns: Die Mannschaft des Äolus, Conrads: Freibeuter, Gerstäckers: Flußpiraten des Mississippi, Bruuns: Insel der Verheißung?

Fremde Häfen

Einen fremden Hafen anlaufen, die gehörigen Bojen, Baaken, Feuerschiffe und Leuchttürme nach Karte, Kompaß und Segelhandbuch peilen, aus der langen Dünung der freien See in den groberen Schwell des durcheinanderlaufenden Küstengewässers und oft mit Kniffen und Listen gegen Wind und Stromversetzung in das ruhige Wasser hinter die schützende Mole zu gelangen ... das ist der Mühe wert. Nicht alle Einfahrten sind so schön wie das Goldene Tor zu Frisko oder wie um Rügen herum nach Saßnitz hinein oder Portofino bei Santa Margherita. Aber immer ist es Hafen. Geruch des Hafens, in aller Welt verschieden, dennoch mit dem einen Untergemisch: Teer und Brackwasser. Lärm

des Hafens, in aller Welt anders schwingend, dennoch mit dem gleichen Unterton: Krankettengerassel und Werftgehämmer. Und nun, der fremde Schattenriß der fremden Stadt. Fremder Glanz des Himmels. Fremde Fahnen. Noch das Berg- und Talbahn-Karussell der Wellen in dir, tasten deine Füße ungläubig auf nichtschwankenden Straßen. Fremdgeschnittene Gesichter, fremde Sprache, fremde Musik, fremdes Turmgeläut, fremde Uniformen, fremdes Geld, fremde Bücher, fremde Zeitungen. Gedecke, Speisen, Kuchen, Getränke, Retiraden abweichend vom Gewohnten; man ruft den Kellner anders, gibt das Trinkgeld anders, grüßt anders. Und nicht einmal die Autodünste sind überall gleich; gleich sind eher schon, dir zur Freude, die Auslagen der Konfektion. Glückstadt, Emden, Apenrade, Pillau, Rönne, Fredericia, Langedrag, Norköping, Reykjavik, Dundee, Lorient, Alicante, Trapani. Das tiefhangende graurollende Wolkengewölbe der Nordsee mit dem trughaft huschenden Licht, die hellen gläsernen Himmel der Ostsee, die blaue Majolika des Mittelmeeres, die kurzen glühenden Sonnenuntergänge der Tropen, die brandenden Küstenahnungen hinter den Breiten der Passate, Monsume, der Föne, Hurrikane und Westwinddriften – wie weit verirren wir uns! Laß uns bescheiden die wechselvollen Unerhörtheiten der weiten Welt ahnen, selbst, wenn unser harmloses Luggersegel etwa nur den kleinen See hinter den Hausgärten überfitticht, heimatfrohes Täubchen und fernsüchtige Möwe zugleich.

Ausland

Im Ausland zurückhaltend und anpassungsfähig zu sein, ist einem Teil der Deutschen seit jeher gegeben, und nie sind über diese Karikaturen gezeichnet worden. Es gibt aber andere, nicht nur Deutsche, die ihre Bäuche und glattrasierten Schädel – vor 150 Jahren waren es die Engländer, denen man »glattrasierte Mopsköpfe« nachsagte – ihre Lodenjoppen, Nagelstiefel, Rucksäcke, Eßpakete und Schillerhemden, den Handstock und den Baedecker schwingend, allzu laut in die Fremde tragen und andere, die trotz allgemeineren und teureren Aufzuges, den Nationalstolz herausfordernd auf Donner und Doria flaggen und alles beschnattern, alles bekritteln.

Die Segler gehören durchweg zu der ersten, guten Sorte. Der Seemann und mit ihm der Wassersportler sind internationale Typen. Das Meer zumindest ist eine übervölkische Einrichtung, und alle Häfen haben Teil an seinem freiheitlichen Luftzug; das gilt zumal für den Sportsegler, der mit Abgabe- und Paßbeklemmungen meistens verschont wird.
Niemand verlangt von ihm, daß er seine Nationale schämig leugnen sollte, im Gegenteil, es ist Vorschrift aller Küsten, sie sichtbar zu zeigen. Die Landesflagge ist überall etwas Selbstverständliches und etwas selbstverständlich Heiliges. Sie bedarf keiner Unterstreichung und keiner Verhehlung. Aber in allem Übrigen gibt es ein ungeschriebenes, doch allgemein gültiges und weises Gesetz der Fremde, das heißt: Füge dich ein!

Vorspiele

Es gibt nüchterne Leute und enttäuschte Allzu-Phantasten, die erfahren zu haben meinen, alle Hafenkanten der Welt bestünden aus übeln Gerüchen, Talmi und Nepp und glichen sich wie eine Kneipe der andern. Aber es sind die kleinen Abweichungen vom Kurs, die auf die Entfernung beträchtlich werden, was man auch anläuft. Der Start ist wichtig, die Vorfreude, das Vorspiel. Man müßte weise sein können und sein Leben aus fortschreitenden Vorspielen zusammensetzen.

Signalflaggen

Erwähnen wir einen handlichen Genuß. Das ist der Gebrauch der Signalflaggen. Gewiß, du kannst über alle Toppen flaggen, wenn du Geburtstag hast oder dein Freund glücklich vom Zahnarzt zurückkehrt! Aber Signalflaggen sind einzeln und bis zu dreien untereinander bedeutungsvoller. Wisse, daß die gehißte Flagge C Ja bedeutet, D aber Nein. P ist der Blaue Peter und bedeutet im Schau amtlich: Ich bin im Begriff, unter Segel zu gehen. S ist die Lotsenflagge, man kann aber auch die Nationale mit weißem Rand setzen. Sind befreundete Boote unterwegs, so kann man mit der Flagge Y zum Sammeln blasen. H, die gelbe mit dem schwarzen Punkt, heißt: Stop! Aber hisse sie nicht, wenn dein Freund zu weit gehen sollte, denn sie bedeutet auch: Kommen Sie näher! – Dann nimm schon lieber die rote Flagge B, die besagt: Ich lade Explosivstoffe! DB oder dringlicher NC untereinander heißt: Hilfe! DS: Passen Sie auf! – HX: Vertrauliche Mitteilung. – ID: Drehen Sie bei, sonst schießen wir! – KD: Landung unmöglich! – UP: (bezeichnenderweise) Hoher Seegang. CB: Sind Sie flott? NC ist das internationale Notsignal.

In folgendem von den allgemeinen, dreiteiligen Signalen einige, die zum Gesellschaftsspiel zu gebrauchen, vielleicht frivol, aber lustig sein können.

Manchmal sind sie da nütze, wo Worte nicht reichen. Im Grunde sind es ernsthafte Angelegenheiten, mit denen man keinen Scherz treiben soll, namentlich nicht auf See und fremden Booten gegenüber.

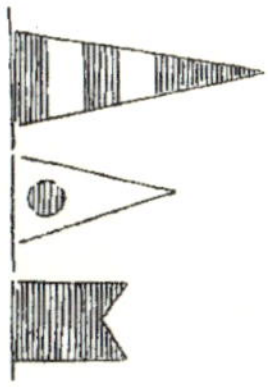

ZBH	Willkommen!
XOZ	Danke!
GHV	Beste Grüße
DZL	Nicht gestattet
MSH	Familie
HFL	Wollen Sie mit mir frühstücken?
OQY	Sind Sie gesund?
VLF	Seekrank
XMT	Kann es Ihnen nicht sagen
DXI	Alles klar

DXK	Alles fort
VDP	Sind Sie ein Schnellsegler?
UVR	Kehre zurück!
HPX	Noch nicht
ZBK	Gut!
FMA	August
TDL	Angenehme Reise!
DVX	Bettzeug lüften
IPN	Schokolade

Es gibt nichts, was man nicht durch Flaggensignale ausdrücken könnte. Manche Zusammensetzungen kann man sich spaßeshalber als Worte merken, z. B.:

HUT	Kerze
TAD	Papier
LAB	Schwierig
DAK	Was haben Sie vor?
EBA	Kommen Sie längsseits!
LOR	Hoch und trocken
TOW	Topf
IEP	Rizinusöl
GLE	Geburtstag
DUR	Bin auf Grund
FEY	Helfen Sie!
RIL	Mehr Segel!
SWO	Die andere Seite
TEU	Wieviel ist zu zahlen?

Flaschenpost

Ganz und gar nicht aber zu Scherzen sind Flaschenposten da! Jemand fand einmal am Strande eines dänischen Seebades eine verkorkte Chablie-Flasche, darin nichts als ein Zettel schimmerte, der auf Französisch besagte: Auf einsamer Insel der Verzweiflung gestrandetes junges Mädchen, verdurstend nach Liebe, bittet Herrn edlen Wesens um rettende Hand. – Da die genaue Anschrift nicht vergessen war und der Finder es sich zufällig leisten konnte, reiste er in die Normandie und entdeckte die Absenderin in einer klösterlichen Pension, und da sie hübsch und angenehm war, heiratete er sie. Die Ehe aber war nicht glücklich. Es war umgekehrt wie mit dem Maler Gauguin, der eine Dänin zur Frau hatte. Nein, diese Flaschenpost stiftete trotz anscheinend ungewöhnlich günstiger Fügung keinen Segen. Flaschenposten sind von Tod und Jammer umwittert. Ihr Sinn ist: Letzte Grüße. Nicht: Erste Grüße.

Rettung

Der Ruf: Mann über Bord! ist aufregend. Solltest du, liebe Freundin, daraufhin mannhaft den Rettungsring ergreifen, wirf ihn nicht dem Treibenden auf den Kopf. Bist du jedoch selber unfreiwillig ausgestiegen, so denke nicht daran, dem Boote nachzuschwimmen, das Raum gewinnen muß für sein Rettungsmanöver, sondern suche den Korkring

zu erreichen, der, so vernünftige Leute an Bord sind – mit andern wirst du nicht fahren – alsbald im Kielwasser treibt; bleib an der Unfallstelle, bewege dich ruhsam, schone deine Kräfte, laß Mund und Nase ab und an über Wasser sein, zieh den Odem des Daseins gelassen weiter durch die schöne Kehle und sei gewiß, daß, so schnell es immer geht, das Boot dir bald in Lee längsseits kommt und dich wieder aufnimmt.
Verdrinken is een weeken Dod, un dat Leben is hart! sagt man an der Küste. Es ist ein Seemannstrost und nicht für angenehme Mädchen erfunden. Denn wenn alles über Top und Takel geht, wird ein todesmutiger Schwimmer sich zu dir gesellen, um dich bis zur endgültigen Rettung über Wasser und zu unterhalten. Und wenn nicht alles trügt bezüglich der happy ends freundlicher Romane der Bordbibliothek, wird er solches danach fürs Leben fortsetzen.

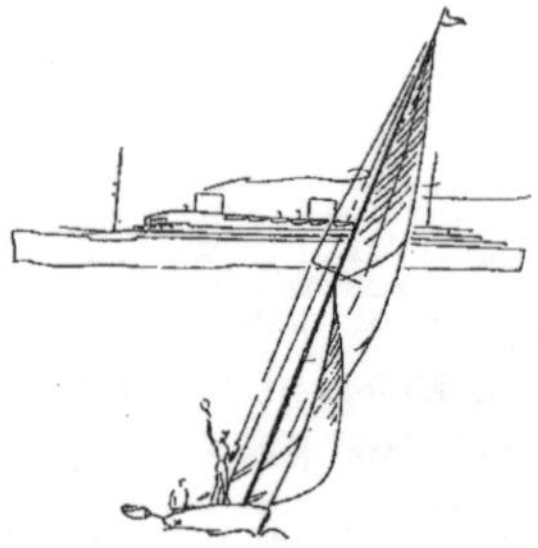

Eissegeln

Fragst du zwischendrein, was man vom Eissegeln halten soll, um den Winter nicht mit ungenutzten Flügeln verstreichen zu lassen? Nun, auch gefrorener Wein kann berauschen.
Aber um so mehr wirst du dich nach den lebendigen Sommerwellen sehnen und nach dem Tag, da der mildere Wind um deinen freien Nacken spielt.

Im Winde verklingend

Nun denn! An Bord, liebe Freundin! Wind und Tide sind uns zugetan. Es ist an der Zeit, Segel zu setzen. Erquickend, doch flüchtig ist das Glück des Sommers, das uns die Schwinge leiht über dem Schritt und Tritt der Tage. Gegrüßt, o Sonne, o runde Weite des Wassers, Lockung der Ferne, Schönheit der Welt, Süße des Lebens, Liebe, Liebe, o Welle, o Wind!

Glossar

abfallen: Segelschiff so drehen, daß der Wind mehr von achtern (hinten) kommt

Achterliek: die hintere Kante eines Segels

Ausleger: bei Booten seitlich angebrachter Schwimmkörper

Backstag: von einem Mast schräg nach unten gehendes Tau zur Verspannung

Balje: tiefe Stelle im Watt, aus der das Wasser bei Ebbe nicht vollständig abläuft; häufig als Fahrrinne genutzt

dwars: quer, querab

fieren: Tau nachgeben oder eine Last mit dem Flaschenzug, Kran herunterlassen

Fock: Vorsegel, bei Segelbooten vor dem Mast gesetztes Stagsegel

Frachttramp: Schiff ohne feste Route, das Gelegenheitsfahrten übernimmt

halsen: Wechsel der Windseite

Kausch: Ring mit Hohlrand, zur Verstärkung von Tau- und Seilschlingen

Kimm: Übergang des Schiffsbodens in die Bordwand

Kinken: Knoten im Tau, Knick in der Stahltrosse

Klampe: doppelarmiger Haken auf der Reling zum Befestigen von Tauen

Klaufall: Tauende, mit dem der am Mast

liegende Teil des Segels gesetzt wird
Koffeinnagel: senkrechter Pflock
Klüver: dreieckiges Segel am Bugspriet (über den Bug vorstehendes Holz)
Klüverbaum: Rundholz zum Befestigen von Vorsegeln

Paalsteek: seemännischer Knoten mit einem Auge
Persennig: starker Segeltuchbezug als Schutz und Abdeckung von Ventilatoren und Winden an Deck
Pikfall: oberes achtere Teil des Gaffelsegels
Pinne: Hebelarm am Steuerruder, Ruderpinne
Poop: der erhöhte hintere Teil bzw. Aufbau eines Schiffes

Reffstich oder Reff: Vorrichtung zum Verkleinern der Segelfläche
Riemen: längeres Rundholz mit Ruderblatt, mit beiden Händen bewegtes Ruder
Rigging oder Riggung: Masten und die gesamte Takelung des Schiffes
Roof: Deckshaus

Schanddeck: die äußere, die Enden der Spanten abdeckende Holzplanke bei Holzdecks
Schäkel: U-förmiger, verschließbarer Haken
Schot: Segelleine
Signalflaggen: der Satz Signalflaggen besteht aus 40 Flaggen, 26 alphabetischen Flaggen für jeden Buchstaben, 10 Zahlenwimpeln und 3 Hilfsstandern. Der heute gültige Schlüssel zur Verwendung von Signalflaggen ist das Internationale Signalbuch der Fassung von 1969

Stagsegel: dreieckiges Segel
Stander: dreieckige Erkennungs- oder Signalflagge
Steek oder Steeg: seemännischer Knoten

Talje: Flaschenzug, eine Kombination von Tauwerk und Blöcken
Tampen: ein Stück Tau bzw. ein Tauende
Teeklippersegler: seetüchtiges schnelles Segelschiff zum Transport von Tee und Weizen
Trimm: Schwimmlage eines Schiffes bezüglich Tiefgang und Schwerpunkt; ordentlicher und gepflegter Zustand eines Schiffes

Überstag: Wechsel der Windseite

Wanten: Taue oder Stahldrähte zum seitlichen Stützen des Mastes; bei Segelschiffen durch eingebundene Webeleinen zu Strickleitern zusammengefaßt
Winsch: Winde zum Heben schwerer Lasten

Zeising: Segeltuchstreifen, Tauende, kurzes Tau, mit dem die geborgenen Segel zusammengebunden werden